胸は大きく、体は細く!

グラマラスレンダー習慣

さくまみお

KADOKAWA

はじめに

こんにちは！
YouTubeで「さくまみおの美ボディ研究部」のチャンネルを開設している部長の
さくまみおです。
本書を手に取っていただき、本当にありがとうございます。

10〜20代の頃はコンプレックスまみれで、今より10kgも太っていた私が30
代になって美ボディの書籍を出させていただくなんて、本当に夢のようです。
書籍を出させていただくきっかけになったのは、YouTubeにあげた1本の動画
でした。
私は二の腕の太さがとても気になっていて、なんとかすっきりさせられないかと、
自分なりに考えたマッサージ方法を続けてみたところ、今まで何をしても落ち
なかった二の腕のお肉がみるみる薄くなりました。さらに生理でもないのにブ
ラがきつく感じ、下着店でフィッティングしてもらうとなんと2カップもアップし
ていたんです！
20代後半で成長期！？とびっくり！ 後日そのことを「胸は大きく、二の腕は細
くしたい女子へ届け！」というタイトルで、私が実践した方法をYouTubeに投
稿しました。
するとYouTube内で驚異的なスピードで広まり、動画のコメント欄に「私も大
きくなりました！」「二の腕だけでなくアンダーも細くなった！」「40代でハリが出
るとは！」など嬉しいお声がたくさん届くようになりました。
自分だけでなく、YouTubeを見てくださっている人にも効果が出たのが嬉しく、
また「なぜ？」「どうして？」と考えるのが好きな性格に火がつき、「ボディメイク
インストラクター」「リンパケアセラピスト」などの資格も取得しながらいろいろ
トライしてみた結果、特別な人だけが持っていると思っていた「美ボディ」は、

実は誰にでも作る方法があるとだんだんわかってきました。

それが本書で紹介する【習慣】です。

習慣というと難しそうな印象がありますが、実は簡単なコツがあります。

私も何かを続けるのはとても苦手で、自分は意志が弱いから……なんて思っていましたが、習慣に意志や気合いは無関係でした。

毎朝、白湯を飲む習慣を続けたければ「明日は絶対飲むぞ〜」ではなく、単純に朝、必ず目にする場所にコップを置いて寝る、そんな「発動スイッチ」を仕掛けておくのがポイントです。

「発動スイッチ」がオンになり、動き出せば、あとはどんどん進むのみ！

自転車は漕ぎ出すと楽に進む……まさにそんな感じです。

さぁ、美ボディ習慣を漕ぎ出す準備はいいですか？

それでは一緒に行ってみましょう〜れでぃご！

れでぃご〜！

さくまみお

CONTENTS

本書の内容を実践する時の注意点

※本書の内容は美容を目的としたものです
※痛みや体調不良が生じた場合は直ちに中止し、医師に相談してください
※体調不良時や飲酒時は、実践を控えてください
※病気治療中の方、妊娠中の方、持病のある方は、医師の指示に従って行ってください
※本書の著者ならびに出版社は、本書の内容を実践して生じた問題に対する責任は負いかねます
　体調や体質を考慮したうえ、自己責任のもとで行ってください

PART 1 / 私のストーリー

コンプレックスがあるから
きれいになれる

—

誰しも、コンプレックスは抱えているもの。私もそうです。
そんなコンプレックスと共に過ごした学生時代とどうやって向き合い、
打破してきたか、私のエピソードをご紹介します。

自信が持てなかった、
コンプレックスに悩んだ学生時代

「バストラインがきれいじゃない」「二の腕が太い」「足が長くなりたい」
……。コンプレックスは人それぞれあると思いますが、私もコンプレック
スの塊でした。

中学生の頃から胸が成長し始め、普通は喜ぶところかもしれませんが、
私はそれが嫌で仕方ありませんでした。というのも、当時、私はアイド
ルグループの「ミニモニ。」さんの大ファン！ 女の子は小さくて可愛くなくて
はいけない！ セクシーに見えるなんてもってのほか！ と思っていたので
す。胸が成長していくことを本当にコンプレックスに思い、日常的にガム
テープで胸をグルグル巻きにして、小さく見せていました。はがすたびに
血が出て痛いし、かぶれてかゆい思いも……。服装も胸が目立ってしまう
フィットするようなものは着ないようにしていました。

ブラもカップサイズが合わないものを着ていて、今思えば、自分の胸
に悪いことばかりしていたのです。

そんなことをしていたため、胸が育たないだけでなく、形も悪くなり、肌もボロボロに。胸を隠すように姿勢を悪くしていたため、くびれもなくお腹や背中にお肉が集まっていました。二の腕もぷよぷよ、お尻も下がっていて太ももは太くなり……。自分の容姿に自信がなく、自分の殻に閉じこもっていました。

自分のことを好きになれない自分が嫌……。自分が思い描く理想とのギャップにもがいていた学生時代でした。

今より体重はプラス約7.5kg、ウエストはプラス約12cmでした。
笑顔で写っていますが、自分にあまり自信が持てなかった頃です。

コンプレックスは磨けば、
自分の武器になる

自分の殻に閉じこもっていたけど、社会にはちゃんと出ないといけなかったので、自信がない中でもなんとかやっていました。そんな時にフォロワーさんから質問をいただいたことがきっかけで、YouTubeでマッサージ方法や生活習慣について配信すると、大きな反響をいただき、とてもびっくりしました!　また動画のコメント欄に「胸がきれい!」「こんなプロポーションになりたい」という言葉もいただき、とても嬉しくなり、大嫌いだった自分の胸に自信が湧いてきました。

それから私は少しでも自分の体験がコメントをくださる方の参考になればと思い、バストマッサージや運動、睡眠、入浴方法なども自分なりに勉強して、自分のコンプレックスだった部分に磨きをかけるようになりました。

そのことにより、バストはもちろん、気になっていた二の腕や背中も少しずつ今の体形をキープできるようになりました。

気がつけば、おかげさまでYouTubeの「さくまみおの美ボディ研究部」チャンネルは約24万人の方に登録していただいていて本当に嬉しく思っています。

自分にないものを嘆くより、コンプレックスを利用するくらいの気持ちで、自分らしく生きることが大切なんだと皆さんの励ましのおかげで気がつくことができました。本書では、そんなコンプレックスを自分の武器にできた、バストマッサージやブラの着け方、日常生活において気をつけているポイントをご紹介しています。

コンプレックスは乗り越えることは難しいけど、上手にコントロールすることはできるはず。コンプレックスに縛られず、太くしたいところはグラマーに、細くしたいところは引き締まった"グラマラスレンダー"ボディを一緒に作っていきましょう。

PART

2

姿勢、食事、睡眠、入浴

さくまみお流
美ボディのための
4つの基本ルール

メリハリのあるボディを目指すためには、普段からの
姿勢、食事、睡眠、入浴は大切な要素です。
私がいつも気にかけている4つの基本ルールをご紹介!
この習慣を続けると、体だけでなく、
心も以前より軽やかに楽しくなりました♪

POSTURE

常 に 意 識 す る

姿勢編

いくらバストが大きくても、いつも猫背ぎみだと垂れたり、老けて見えたりしてしまうことも……。
バストをもっと大きくしたい人にとってもマイナス行動なので、
まずは無意識に立っていても正しい姿勢を保持できるようにしましょう。

常 に 姿 勢 を 意 識 す る こ と が 美 ボ デ ィ へ の 近 道

長時間のデスクワークやスマホの見すぎで、ついつい猫背になっていませんか？　姿勢を
きちんと正せば、それだけでボディラインは整います。無意識でも姿勢が保持できるよう
に鏡でチェックする、スマホを見る時は高さを調整するなど工夫することがポイント。

POINT・01

『 立 っ て い る 時 も 座 っ て い る 時 も 正 し い 姿 勢 を 意 識 』

姿勢がよくなると体幹が安定し、神経伝達やリンパの流れもスムーズになり、腰痛や肩こりの
改善はもちろんバストアップにも！　姿勢は筋肉が衰えているとなかなかキープできないので、
ある程度筋トレも必要ですが、1日の中で意識する回数が増えるだけでも体は変わってきますよ。

立ち姿勢

頭の頂点とおへその10cm程下に糸が縫い付け
られていて同時に上に引っ張られるイメージで
立ちましょう。胸は張りすぎず、背中の下の方
も壁にベタっとくっつけるような感じです。

座り姿勢

背もたれに寄りかかったり足を組ん
だりするのはNG。骨盤が前傾した
り後傾したりしないように立ち姿勢
のイメージのまま座りましょう。

POINT · 02

『パソコンで作業中も 鏡で姿勢をチェック』

YouTubeの編集など、デスクワークの時は、気をつけていないと猫背やストレートネックになりがちなので、私は全身鏡を真横に置いて姿勢を意識する回数を意図的に増やすようにしています。適度に肩甲骨や首を回して、体が固まらないようにほぐすのもポイント。

POINT · 03

『スマホを見る時の姿勢を調節』

スマホを見ていると、首が前に出たり、巻き肩になってしまい、バストが垂れたり、腰痛や肩こりの原因にもなります。クッションなどでひじの高さを調節して目線ぐらいまでスマホを上げると、首や肩の位置を正常にキープしやすく、姿勢を保持できます。

POINT · 04

『通勤時も姿勢を矯正』

猫背ぎみの人は常に姿勢を意識するのが大切です。駅のホームで立っている時もかかとやひざ横をくっつけて、足裏に重心をしっかり感じてお尻をきゅっと締めるような意識でいるとO脚の改善にもなり、体幹も自然に安定します。

姿勢は腹筋、背筋も大切だよ

FOODS

食事編

健康的な美ボディのためには、食事を疎かにしないようにしましょう。
特に女性はタンパク質や食物繊維が不足ぎみなので、
1日の中で必ず摂るように心掛けて。

足りない栄養素を積極的に摂るようにする

実は、食事に対してはいろいろと制限を設けていません。食べすぎた日は
その後きちんと調整すればOK。女性に不足しがちなタンパク質や食物繊
維は朝、スムージーにして飲むなど自分のルーティンの中に入れ込むと続
けやすいです。水分をしっかり摂るのもポイント。

POINT ▶ 01

『水は1日1.5〜2L 飲む』

水分不足に陥ってしまうと、体内に老廃物が溜まりやすくなり、
女性には大敵の便秘にも。こまめに水分を摂って体の中に潤いを
プラスしましょう。特に起きた後や入浴前後には白湯を飲むよう
にしています。内臓が温まると胃腸の消化力も高まり、リラック
ス効果や寝付きもよくなると言われているのでおすすめです。

朝は白湯で
ぽっこり

POINT・02

『タンパク質・イソフラボンが
含まれる食材は積極的に摂る』

女性ホルモンに近い働きをしてくれるイソフラボンはバストのため
にもいいので、大豆食品は1食の中に取り入れています。その他、
お肉だけでなくDHAなど良質な油分とタンパク質が摂れる青魚系
は、肌荒れ改善にも効果的なのでおすすめです。バストアップやア
ンチエイジング効果があると言われているビタミンEが摂れるアボ
カドやビタミンC豊富なリンゴもよくメニューに加えています。

POINT・03

『間食は糖質が少ないものを』

間食はあまりせず、きちんと食事をすることに重きを置いていますが、ど
うしてもお腹がすいたらなるべく糖質が少ないものを選びます。常備して
いるものはロカボナッツ。糖質は、摂りすぎるとよくないと言われていま
すが、大切な三大栄養素の一つなので単純にカットするのは逆効果。

POINT・04

『自炊で食事のバランスを取る』

特別な予定がある日以外は、ほとんど自炊です。外食はどうしても塩分や油分が多く
なるし、自炊のほうが自分が食べたいものや必要なものを取り入れやすいです。サバ
缶などを使えば調理も簡単！　肌や健康にいい、納豆や酢の物はメニューの常連です。

昼はサラダチキンとめか
ぶ1パックとか、お菓子
を食べられたら1食分
と考えたりしているので、
しっかり一汁三菜食べる
のは1日1回のみ。ダイ
エット期間は昼と夜の量
を逆にしたりします。

朝食

朝はプロテインとバナナ、豆乳、ヨーグ
ルトなどをミキサーに。ダイエット期間は
豆乳を調整から無調整に替えたり、ヨー
グルトも脂肪ゼロに替えたりしています。

昼食or夕食：お肉day

鶏モモ肉の葱ダレ焼きをメインに、納豆
やひじきの副菜でバランスのいいメニュ
ーに。

昼食or夕食：お魚day

サバ缶のみぞれ煮、アボカドとしめじの
バター炒めなどバランスよく摂っていま
す。もずくスープは低カロリーでアンチ
エイジングにもいいのでおすすめ。

SLEEP

いい眠りが美ボディに!

睡眠編

睡眠中には成長ホルモンと、睡眠ホルモンと言われるメラトニンが分泌されていて、
美ボディのためには欠かせないものです。
しっかり分泌させるために睡眠の質にこだわりましょう。

良質な睡眠のために眠りに入る準備は念入りに!

睡眠時間を確保するだけでなく、すぐに眠りに入れるように睡眠の質を高める準備を
することが必要です。お風呂に浸かる時間や軽めのストレッチ、スマホを見ないよう
にするなど、睡眠ホルモンのメラトニンが分泌されるようにすると、美肌効果やバス
トアップなど"グラマラスレンダー"な体を作る効果が期待できます。

POINT・01

朝はニュースを流して
目覚まし代わり!

『最低6〜8時間は眠る』

睡眠の量はしっかり取るように心掛けています。成長
ホルモンの分泌はもちろん、睡眠をしっかり取ること
で体内リズムが整い、太りにくい体になります。ナイ
トブラを着用して、胸がつぶれない体勢でベッドに入
るようにするのもポイントです。

POINT・02

『お風呂は寝る90分前に浸かる』

体内の深部の温度が下がると眠りに入りやすくなると
言われているので、お風呂は眠りにつきたい90分く
らい前に38〜40度くらいの湯船に浸かるようにする
のがおすすめ。お風呂上がりの湯冷めもなく、リラッ
クスした気分のまま眠りに入れますよ。

優しくほぐすだけ

『ストレッチで体をほぐす』

激しいストレッチは逆に体が活性化して、眠れなくなるので、ボディメンテナンスのために、よく使った部位を優しくほぐしたり伸ばしたり寝る前に軽く5分程度のストレッチをしましょう。血流がよくなり、体もリラックスできて深い眠りに入りやすくなります。

私のお気に入りは
ローズウッド♪

『加湿器やアロマでリラックス』

お風呂から上がったら、オレンジ色の薄暗い照明のみにして、アロマディフューザーで好きな香りを楽しみながらリラックスしています。アロマの香りは脳に届き、自律神経のバランスが整い、心身共に緊張をほぐして、良質な睡眠へといざなってくれます。

『寝る前にスマホを見ない』

スマホやパソコンから発せられるブルーライトは、睡眠ホルモンのメラトニンの分泌を抑制するので、寝付きが悪くなり睡眠サイクルに悪影響を与えてしまいます。お風呂上がりは極力、スマホは見ないようにしています。

YouTube の BGM 集を聞きながら
眠りについているよ！

BATH TIME

マッサージタイムに最適

入浴編

お風呂は美ボディを作るのに最適な時間。
面倒だからとシャワーで済ませず、
ゆっくり湯船に浸かって、マッサージやケアの時間にあてると時間を上手に使えます。

リラックス＆マッサージタイムに

お風呂タイムは体の汚れが取れるだけではなく、温かなお湯に浸かることで体の芯まで温まり、内臓が活性化するので、自律神経やホルモンバランスが整うと言われています。熱すぎない温度で温まりながら、リラックスしてマッサージするのがおすすめ。

POINT 01

『体を洗いながらマッサージ』

まずは5分程、全身浴してただ体が癒されるのを感じつつ、10分程かけて半身浴をしながら、マッサージを開始。二の腕や太ももなど気になる箇所のこり固まった脂肪を柔らかくほぐすイメージでつまみ揺らします。その後、浴槽から出て体を洗う時に、ボディソープで滑りがよくなった全身をマッサージ。老廃物の詰まりが解消されると栄養も行き渡りやすくなり、バストアップだけでなく、美肌効果なども期待できます。

POINT · 02

『 毎日入浴して、
新陳代謝アップ！ 』

シャワーだけより、お湯に浸かるほうが新陳代謝もアップし、老廃物が流れやすくなり、疲労回復や便秘解消、美肌効果も期待できます。長湯せず、10〜15分程浸かると体の芯が温まります。どうしても時間がない時は5分程足湯だけして、体を温めてから寝るようにしています。

POINT · 03

『 お湯の温度は
38〜40度で調整 』

熱すぎるお湯は、体への負担も大きく、肌の保湿成分を奪ってしまうので、お湯の温度は38〜40度で10〜15分くらい浸かるのがおすすめ。入浴すると水分を消費するので、お風呂に入る前は白湯をコップ1杯飲んで、乾燥を防ぐようにしています。

POINT · 04

『 入浴後は
しっかり保湿する 』

顔はもちろんですが、ボディの保湿も念入りに。お風呂から上がるとどんどん水分がなくなり、乾燥するので、すぐに保湿するのがポイント。お気に入りのボディローションをデコルテなどに軽く撫でるように塗っておくとバスト周りがもちもちに。

体をしっかり目覚めさせる

さくまみお流

『モーニングルーティン』

前のページで紹介した基本ルールの項目は、
日々のルーティンに加えておくと無理せず守ることができます。
特に朝はお出かけまでの短い時間を有効に使いましょう!

お仕事
いってきます!

`12:00`

外出着に着替えて仕事スタート

ウォーキング後、汗をかいたらさっとシャワーを
浴び、ヘアメイクなどの準備をしてお仕事へ。

`10:10`

着替えてウォーキング

有酸素運動をして体を活性化させます。日
焼け対策はバッチリ。雨の日はベランダでく
びれエクササイズ(P.75)をしながら、読書。

`9:55`

朝食&スケジュールチェック

プロテインとバナナなどをミキサー
にかけ飲んでいます。

9:00

起床&ベッドメイク

カーテンを開けて、朝日を浴びることで体内時計をスイッチオン！

GOOD MORNING!

9:10

ブラを替えて体重測定

日中用のブラに着替えて体重をチェック。洗顔、保湿をしてお肌を整えます。

9:20

白湯を飲みつつ、ニュースをチェック

白湯は洗顔前にレンジで準備しておくと時短になりますよ。

9:30

瞑想タイム

まず鼻から息を吸い、口から息を吐きつつ下腹を膨らませます。息を吐ききったら下腹の力を一旦抜き、また鼻から吸う。これを繰り返すと呼吸に集中しやすくなり、腹圧で体幹も整うのでおすすめです。呼吸を整えると思考の整理に。

短い時間でOK！

9:40

ストレッチ&10分以内でできる筋トレ

ウォーミングアップをして寝ている間に歪んだ体を整えます。

体をクールダウン

『ナイトルーティン』

夜は疲れを取るためにも朝と比べて、バタバタせず、
入浴タイムでしっかりボディメンテナンスをするようにしています。
眠りにすぐ入れるようにリラックスした雰囲気に。

1:00

就寝
スマホにはお風呂に入る瞬間から、大事な
電話など以外は触らないようにしています。

MIO'S
NIGHT
ROUTINE

STRECH

0:30

ストレッチしつつ本を読む
アロマを焚いて間接照明のみにしてヒーリング
ソングをかけながらストレッチと読書。

0:00

入浴後のケア
入浴後も1杯の白湯（夏場は常温の水）で水
分補給。ボディ、フェイスを保湿して、ドラ
イヤーで手早く髪を乾かします。

19:30

夕食の支度

栄養管理アプリを見ながら今日1日の足りない
栄養素を補うメニューを考えます。

20:00

夕食

夕食を食べながら、好き
なアニメ、映画、ドラマ
などを観る至福タイム。

21:00

インスタQ&A
（たまにLIVE）

インスタのQ＆Aに答えたり、
たまにはLIVE配信も。

22:00

明日のスケジュール作り

今日の反省点と改善策を組み込んだ明日のスケジュール作り。
今日頑張れたことやありがたかったことを3つ書くと無駄に自
分を責めたり焦ったりしないようになるのでおすすめ!

23:00

後片付け&お風呂の準備

お風呂を溜めながら夕食の後片付け。加湿器の準
備と歯磨きもします。洗濯物がある日は洗濯も。

お風呂で
マッサージ！

23:30

入浴

入浴前に1杯の白湯（夏場は常温
の水）を飲み、全身浴5分、半身
浴10分程してから体を洗いつつ、
マッサージをします。

PART
3

目指せ! 美ボディ

さくまみお流
ボディマッサージ
―

動画再生数 800 万回超えの大人気
バストアップマッサージやウエストのくびれ、
美背中作り、お尻から太ももの引き締めなど、
毎日の全身美ボディマッサージをご紹介!

Body Massage

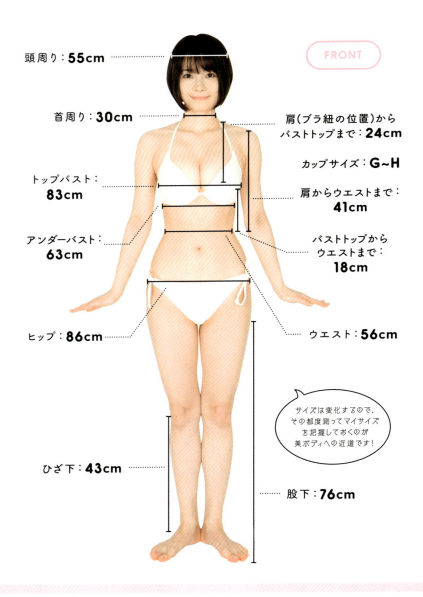

\ ぜ〜んぶ見せちゃいます！ /

さくまみお サイズ大公開！

FRONT

頭周り：**55cm**

首周り：**30cm**

肩(ブラ紐の位置)から
バストトップまで：**24cm**

カップサイズ：**G〜H**

トップバスト：
83cm

肩からウエストまで：
41cm

アンダーバスト：
63cm

バストトップから
ウエストまで：
18cm

ヒップ：**86cm**

ウエスト：**56cm**

サイズは変化するので、
その都度測ってマイサイズ
を把握しておくのが
美ボディへの近道です！

ひざ下：**43cm**

股下：**76cm**

身長はどれくらい？　トップバストのサイズは？
ウエストは？　など Instagram のＱ＆Ａでもよく質問をいただくので、
思い切ってサイズを大公開しちゃいます！

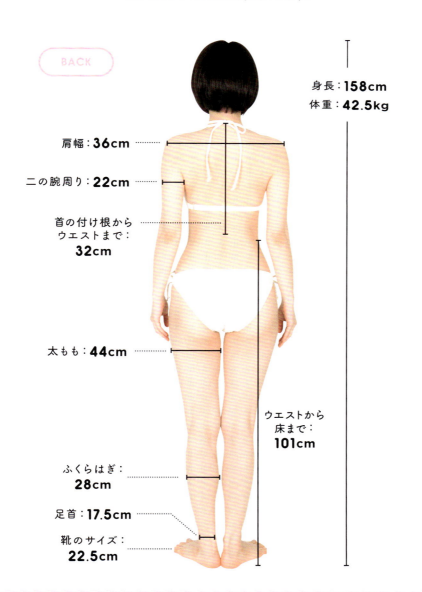

BACK

身長：**158cm**
体重：**42.5kg**

肩幅：**36cm**

二の腕周り：**22cm**

首の付け根から
ウエストまで：
32cm

太もも：**44cm**

ウエストから
床まで：
101cm

ふくらはぎ：
28cm

足首：**17.5cm**

靴のサイズ：
22.5cm

BODY CARE BUST

ほぐしてリンパにアプローチ

バスト編

ブラがなんとなく浮いている、背中のお肉がブラの線に乗っている……。
そんなことはありませんか？ 美バストを目指すなら、
マッサージだけでなく、ブラ選びや着け方をしっかり見直しましょう。

美バストになる**3**つのポイント

POINT

\ 800万回再生された! /

バストだけでなく、デコルテ周り、二の腕、背中もほぐすのがポイント。強くもみほぐすのではなくリンパの流れに沿って優しく撫でるようにマッサージしましょう。少なくとも2週間は続けて行うとバストアップに効果的です。

POINT 2

\ 試着が大切! /

ブラジャーの選び方

バストの黄金バランス

垂れ乳さんや小胸さんなどにありがちなのが、胸を押さえつけていたり、ストラップが合わなかったり、しっかりホールドしていないブラを選んでしまっていること。面倒と思わず、試着をして自分のベストブラを見つけましょう。

バストトップの位置と鎖骨の間のくぼみを結んだ時に正三角形になるのが、バストの黄金バランス。ブラを着けた時にチェックしましょう!

POINT 3

\ 正しく着ければたちまち美バスト /

ブラジャーの着け方

正しいブラの着け方をしている人は案外少ないです。背中や脇、お腹のお肉をカップに集めて、すき間をなるべくなくすのがポイント。正しく着けるだけで、マッサージしなくても美バストはキープできますよ。

POINT 1

\ 800万回再生された! /

バストアップ マッサージ

バストの形が崩れたり、大きくならなかったりするのは、上半身のリンパや血液の流れが滞り
筋肉が硬いというのが原因の一つです。上半身をほぐして
リンパの流れに沿ってマッサージして、マシュマロのようなバストを目指しましょう。

［ 耳下から鎖骨へ流す ］

BUST
MASSAGE

01

02

指はピースの形を作り、耳の下を挟むように置いたら、そのまま鎖骨に向かって動
かします。リンパが流れているので優しく撫でるようにしましょう。反対側も同様に。

［ 鎖骨周りをほぐす ］

BUST
MASSAGE 2

ピースがつらい人は

手を広げて流したり、グー
の手をして親指の第一関節
を使って流してもOK。

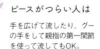

老廃物をしっかり流すため鎖骨から脇の下をほぐします。両
手でピースを作り、人差し指と中指を使って鎖骨を上下に挟
み、脇の下に向かってゆっくり動かします。反対側も同様に。

腋窩リンパ節をほぐす

BUST MASSAGE / **3**

老廃物が溜まりやすい腋窩リンパ節をほぐします。親指とその他の指で脇と胸の間の部分を挟み、もみほぐします。5〜10回程度でOK。反対側も同様にほぐしましょう。

BUST MASSAGE / **4**

二の腕をもみほぐす

肩周り　　　　　　　二の腕の表側　　　　　　　二の腕の筋肉間

 →  →

肩や二の腕をつまむようにもみほぐします。二の腕の太さが気になる人は特に、こり固まった部分に張り付いた脂肪を体から引きはがすようなイメージでつまみ揺らします。筋肉と筋肉の間はグーの手でほぐし、強くなりすぎないように。反対側も同様にほぐします。

BUST / BUST MASSAGE / **5** 　[二の腕から背中をほぐす]

ひじから脇の下　　　　背中から脇の下　　　　腋窩リンパ節

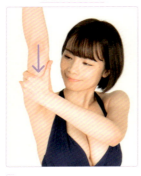  

「背中のお肉おかえりなさい！マッサージ」です。先ほどほぐした二の腕の脂肪を胸に運ぶようなイメージで脇の下まで流したら、肩甲骨辺りに手を伸ばして、脇を通り胸に向かって流します。手が届きにくい場合は反対の手でひじを軽く押してあげましょう。流し終えたら、また腋窩リンパ節をほぐします。5〜10回流したら反対側も同様に。

さらに背中側から
やると効果大！

[背中をほぐす]　　　　　[バストマッサージ]　BUST MASSAGE　**7**

01

02

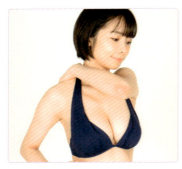

BUST MASSAGE / **6**

肩の上からデコルテに向かってほぐします。反対の手でひじを軽く押すと手が背中まで届きやすくなります。反対側も同様に。

BACK

両手で胸を包むようにして、上の手は脇の下から胸の中心（谷間部分）へ、下の手は胸の中心から脇へ、円を描くようにほぐします。5〜10回ほぐしたら上下の手を入れ替えて反対方向も流します。「こんな形で現れてほしい」とイメージしながら行うのがポイント！　反対側も同様に。

BUST MASSAGE / 8 バストの下からマッサージする

バスト下

腋窩リンパ節に

バストの下から、胸を寄せながらマッサージします。手を少し広げてバストトップにも刺激を与えましょう。5〜10回行ったら腋窩リンパ節に流します。胸の上まで流した後、手を急に離してしまうと胸を支えるクーパー靭帯を傷つけてしまうので片方の手で支えながら、交互に左右の手を使って、下から上にマッサージしましょう。

BUST MASSAGE / 9 お腹からバストに向けて流す

お腹のお肉も胸に集合させるようなイメージで、肋骨の下くらいからバストに向かって流します。この時も急に手を離さず軽く押しつけるような感じで優しく胸を支えながら行いましょう。

BUST MASSAGE / 10 腋窩リンパ節をほぐす

最後に再び腋窩リンパ節をほぐして、老廃物を流しやすくします。

マッサージしている時も正しい姿勢をキープしましょう！

ブラ選びやストレッチで改善

バストのお悩み別ケア&対策

離れ乳、垂れ乳、左右差のある乳など、
バストに関するお悩み別のケアやストレッチをご紹介します！
また日常生活においても姿勢や寝方で変わってきますので気をつけましょう。

離れ乳 ── ［原因］

胸を支えているクーパー靭帯の衰えや、胸の筋肉の減少などが挙げられます。特に猫背だと肋間筋周りがこりやすく、肋骨が広がりバストが離れてしまいます。

［ケア&対策］

① 脇高、L字ワイヤーのブラ&ナイトブラで1日中しっかり寄せる

日中は、離れた胸をしっかり寄せてホールドする脇高タイプ、かつ谷間をメイクしてくれるL字ワイヤーのブラを着用。寝る時はナイトブラで背中や脇に流れるお肉を支えてあげて、1日中しっかり寄せることを意識して。

② 肋間筋をストレッチ

肩甲骨を寄せて胸で深呼吸することで、肋間筋周りのこりをほぐして肋骨の開きを改善します。

1. ひざを立てて座り、手は後ろに置き、肩甲骨を寄せ胸を張ります。

2. 深くゆっくり胸で呼吸する。5〜10回続けます。

③ 肋間筋をマッサージ

P.40のバストアップマッサージの一部でもある、背中から胸に持ってくる動きは、肋間筋ほぐしにも効果的です。湯船から出て体を洗いながら行うと体も温まり、ボディソープで滑りもよくなるのでおすすめです。

垂れ乳 ── ［原因］

垂れ乳もクーパー靭帯の衰えや加齢が考えられますが、日頃の姿勢の悪さや、筋肉が衰えてしまうことも大きな原因です。大胸筋と僧帽筋をしっかり鍛えましょう。

［ケア＆対策］

❶ ブラでしっかりクーパー靭帯を保護する

できれば**ワイヤーブラできちんと胸をホールド**して、クーパー靭帯を支えるようにするのがおすすめ。

❷ 大胸筋と僧帽筋を鍛える

胸にある大きな筋肉の大胸筋と背中側にある僧帽筋を鍛えることで、**猫背を防ぎ、削げてしまった胸を改善**に導きます。

大胸筋と僧帽筋の筋トレ

1. ひじを顔の近くになる高さまで上げます。

2. 両腕をウエストあたりまで下げて手のひらを上に向け、肩甲骨を寄せます。

左右差のある乳 ── ［原因］

生活習慣や普段の姿勢が大きな要因です。体の歪みや利き腕の筋肉ばかり使っている、いつも同じ方を下にして寝ているなどで、血液やリンパの流れが滞ってしまい、どちらかの胸の成長を妨げていることがあります。

［ケア＆対策］

❶ 大きいほうにブラを合わせる

小さいほうに合わせてしまうと胸がつぶれてしまい、形がきれいにならないので、**大きいほうに合わせてパッドなどで調整**をしましょう。

ストレッチで腋窩リンパ節に刺激を

手を後ろに伸ばして、反ることで肩甲骨が寄り、脇が解放されて血流がよくなります。

❷ 寝る時の姿勢

小さいほうの胸を下にして寝てしまうと、リンパ管や血管が圧迫されて栄養が行き届かないので**できるだけ仰向けで寝ましょう**。

❸ マッサージや筋トレは両方やる

マッサージはリンパの流れや血流をよくしているので、やったほうだけが大きくなるようなものではありません。**マッサージは両方しつつ、姿勢や利き腕による筋肉の偏りを改善**しましょう。

POINT 2

\ 試着が大切! /

ブラジャーの選び方

美しいバスト作りのためにはブラジャーは欠かせないアイテム。胸をしっかりホールドしてくれて、
1日中着用していてもノンストレスのブラジャーを選びましょう。

[ブラジャー選びはココをチェック]

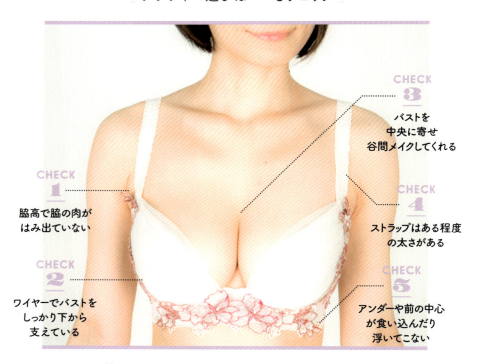

CHECK 3
バストを
中央に寄せ
谷間メイクしてくれる

CHECK 1
脇高で脇の肉が
はみ出ていない

CHECK 4
ストラップはある程度
の太さがある

CHECK 2
ワイヤーでバストを
しっかり下から
支えている

CHECK 5
アンダーや前の中心
が食い込んだり
浮いてこない

日中着けるブラは、サイズが合っているかはもちろん、きちん
とホールドしてバストを支える機能があるかチェックしましょう。

シーンごとにブラジャーは着け替える

ブラにはさまざまな機能があるので、シーンごとに着け替えて胸をサポートしてもらいましょう。日中は洋服をきれいに見せてくれるブラ、夜は寝ていても快適なブラ、スポーツ時は揺れないブラなどシーンに合わせて着けることでどんな時もベストなバストに。

日中は **3／4カップワイヤーブラ**

脇が高く、L字ワイヤーのブラを愛用しています。胸をしっかりホールドして、バストをきれいに整えてくれます！

夜は **ナイトブラ** でリラックス

お風呂から上がるとナイトブラに着け替えます。脇高で寝ていても横流れしないサポート力のあるものがお気に入りです。

エクササイズは **スポーツブラ**

スポーツメーカーさんのブラを着けることが多いです。どんなに動いてもずれにくく、フィット感があります！

なるべくブラを
着けていない時間
をなくすのが
美バストのポイント
だよ！

ブラジャーの種類

種類	ポイント
フルカップ	胸をすっぽり包み込んでくれるのが特徴。大きめのバストさんにもおすすめ。
1／2カップ	フルカップに比べて胸を覆う部分が1／2サイズで、バストを下から支え、ボリュームを出す機能があります。
3／4カップ	フルカップ上部1/4が斜めにカットされたもの。脇に流れやすいバストをしっかり寄せて、すっきり。
ノンワイヤーブラ	ワイヤーがないブラジャー。ワイヤーの締め付けが苦手な人におすすめ。最近は適度なサポート力のある商品も。
ナイトブラ	就寝用のブラ。寝ている間のバストの横流れを防止してくれます。通気性のいいものを選んで。
スポーツブラ	体を動かす時のバストの揺れを抑えて、フィット感のあるブラ。ストラップがずれにくいのも特徴。

/ BUST

『 毎回、サイズを測っておく 』

バストは生理中は少し大きくなったり日々変化しています。1カ月に2〜3回、最低でもブラの購入時には自分のバストサイズを測っておきましょう。背筋を伸ばして、鏡を見ながらリラックスして正しく採寸を。

[サイズの測り方]

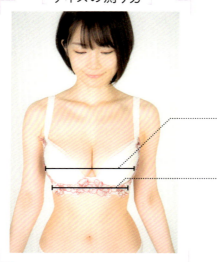

アンダーバストと
トップバストを測る

トップバスト

バストの一番高いところ

アンダーバスト

バストの下側

『 試着のポイントを押さえる 』

自分にぴったりのブラと出会うためにも試着は必ずしましょう。ブラはどこのメーカーでもアンダーバストとトップバストのサイズの差がカップとして表示されていますが、必ずしもそれがぴったりということではありません。試着時は自分のカップサイズの前後やアンダーの前後のサイズのものを試して、以下の試着のチェックポイントを確認して購入しましょう。ワイヤーブラ＝苦しいと思われがちですが、本当にぴったりのブラであれば、着け心地がよいものです♪

**試着の
チェック
ポイント**

☑ カップの上辺からお肉が
　溢れていないか

☑ 逆にすき間はないか

☑ 胸の中心が浮いていないか

☑ アンダーバストのラインは地面と平行か

☑ 動いても下乳が出たりしないか

さまざまなリラックスブラやお部屋用のブラがありますが、やはりおすすめなのはナイト用として開発されたブラです。通気性のいい素材で寝心地がよく、胸が横流れしたり、はみ出したりせず快適に眠れるものが多いです。安いから可愛いからなどで選ばず、機能性重視で。ナイトブラはお店でではなく通販で購入する方も多いと思いますが、サイズ選びに迷ったら思い切って2サイズ購入し、大きいほうを生理中に使うのもおすすめです。

（ナイトブラ）の選び方

選び方の
ポイント

POINT
寝心地のよさ

寝苦しさで睡眠の質が下がるとバストアップに重要な成長ホルモンが出にくくなってしまいます。通気性がいい生地でフィット感のあるナイトブラを選ぶとリラックスして眠りにつけます。

POINT
横流れ防止

寝ている時に、お肉が背中や脇に流れてしまうのを防止してくれる機能のあるブラを選びましょう。脇高であったり、バストをホールドしてくれるものがおすすめ。締め付け感がなく軽い着け心地のものを選んで。

ナイトブラを
開発中です。
お楽しみにね！
※2021年3月現在

POINT
サイズ感

自分のサイズを知っておくことはマスト条件ですが、サイズに迷ったら、予算が許すのであれば両方買っておくのがおすすめ。胸が張りがちな生理中に大きいほうを使えます。

BUST

＼ 正しく着ければたちまち美バスト ／

ブラジャーの着け方

サイズが合ったブラを選んでも正しく着用していないとバストの形が崩れて、
背中や脇にお肉が流れてしまい、あまりきれいに見えません。正しい着け方をマスターすれば、
胸が盛れてたちまち美バストになります！

［ ブラの着け方でこんなに違う！ ］

胸の周りのお肉をブラの中に入れて、きれいに整えるだけでこ
んなにも違いが出ます。また、正しいブラの着け方をしている
と、ブラに集めた脇や背中のお肉が長時間キープでき、形状記
憶されていくと自然とバストアップに繋がり、美ボディに！

BEFORE　　　魔法の着け方をすると　　　AFTER

ただ普通に着けた状態　　　盛れてデコルテ部分もふっくら！
美バストに！

さくまみお流
魔法の着け方

ちょっとひと手間、整えるだけで胸が盛れて
きれいな谷間も出現します！　是非トライしてみて！

ホックをとめる

1.

ホックは前に持ってきてとめて、
ウエストの位置で回します。

ストラップを調整する

2.

ストラップを肩にかけて、少し前か
がみになりつつ、指1本ラクラク通
るくらいの長さに調節します。

90度以上お辞儀の姿勢

3.

90度以上お辞儀を
して重力で胸や周り
のお肉を集めます。

お腹のお肉を集める

4.

上半身のお肉を
集める

左手はストラップの中に
通して右胸を通過し、右
の肩甲骨辺りから背中や
脇のお肉を集めます。

5.

さらに右胸のカップの中に左手を入
れて、お腹部分まで手を出してお肉
をブラの中に入れ込みます。

内側からも集める

6.

さらに胸の中心部から
手を入れて、下から持
ち上げるようにお肉を
入れ込むと丸いきれい
な形が整います。4～
6を反対側も同様に行
います。

アンダーラインの確認

7.

アンダーラインが床
とだいたい平行にな
っているか確認して
調節します。

FINISH!!

盛れた！　完成！

整えて、完成です！

BODY CARE WAIST

きゅっとくびれるウエストに

ウエスト編

ウエストがきゅっとくびれていると、バストとの差がさらに際立ち、
グラマラスレンダーボディに見えます。お腹周りの脂肪に刺激を与えて
代謝がよくなるマッサージで美くびれを目指しましょう。

01　腰からしっかりマッサージ
お腹だけでなく、腰もお肉がだぶついているので腰からしっかりマッサージして余分な脂肪を流しましょう。

02　便秘改善にも効果的
下腹のぽっこりが気になる人は便秘ぎみなことも。腸もグルグルマッサージして老廃物を排出しましょう。

03　姿勢を正して行う
PART2で紹介した姿勢のルールを気をつけることで、下腹が出にくくなります。姿勢を正して行いましょう。

\ ほっそりウエストに /

ウエストくびれマッサージ

\ バスト下も /

1 下腹をもむ

下腹の余分なお肉を手でつかみ、ほぐしていきます。バストの下のほうまでほぐしましょう。

2 腰からお腹へ

くびれに効果的なマッサージ。腰に手を添えてウエストの横の脂肪を親指全体を使っておへその辺りまでぐいっと流します。

BACK

3 腸マッサージ

両手を優しくお腹に当てて、「の」の字を書くようにマッサージします。便秘ぎみの人は特におすすめです。おへそを中心に大きく時計回りに。

4 鼠径部に流す

最後はマッサージで集めた老廃物を鼠径部に流します。鼠径部に沿って優しく押し撫でるようにマッサージを。

ARMS & HANDS

BODY CARE ARMS & HANDS

たぷたぷは防止

二の腕・ひじ下・ハンド編

二の腕だけでなく、ひじ下、手もトータルでケアすることが大切です。マッサージで
二の腕部分は肩甲骨からケアして、ひじ下は凝りをほぐして腕周りをほっそりさせましょう。

#BODY CARE ARMS & HANDS

01 手のひらをマッサージしてリラックス
手のひらや手首にはさまざまなツボがあるので、軽く押して疲れやむくみを取ることで血流がよくなります。

02 使いすぎたひじ下のこりを取る
ひじ下の筋肉はスマホやPCの使用でこりやすい部分。むくみを放置せずほぐしましょう。

03 二の腕は肩甲骨からマッサージして胸に
二の腕に繋がっている肩甲骨からマッサージして、余分なお肉は胸まで流しましょう。

ハンドマッサージ

1 指をマッサージ

片方の手の指を広げて、反対の人
差し指と中指で挟み、指先に向か
ってスライドさせます。1本ずつ
やったら反対側も同様に。

2 親指の下をマッサージ

特にこりやすく、ツボがある親指の
下はグッと力を入れてもう片方の親
指の第一関節でグリグリマッサー
ジ。反対側も同様に。

3 手のひらをマッサージ

人差し指から小指までの第二関節
を使って、もう片方の手のひら全
体をグリグリ回すようにマッサー
ジ。反対側も同様に。

4 手首のマッサージ

手の甲は、骨の間を手首に向かっても
う片方の親指で流し、手首の突起部
分も親指で骨の周りをクルクルなぞ
るように流します。反対側も同様に。

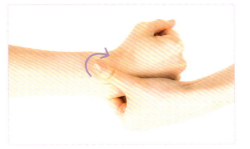

\ 疲れが取れる！ /

『 ひじ下マッサージ 』

1 手首からひじ

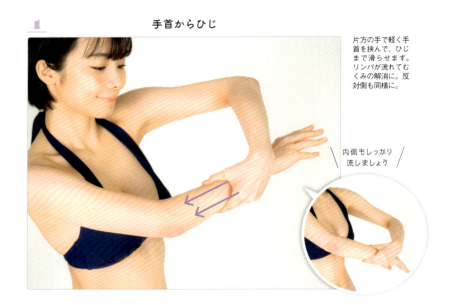

片方の手で軽く手首を挟んで、ひじまで滑らせます。リンパが流れてむくみの解消に。反対側も同様に。

内側もしっかり
流しましょう

2 骨の横

まだこっていると感じる人は、さらに骨の際に沿って老廃物をつぶすイメージで手首からひじの方に向かって親指で軽く押し流します。反対側も同様に。

3 ひじのリンパ節

ひじのリンパ節をギュッと押して、老廃物を流します。反対側も同様に。

\ ほっそりした腕になる /

『二の腕マッサージ』

1 ひじから肩先まで

まずは腕の前側から始めます。グーの手の第二関節でひじから肩先まで撫でるように流していきます。反対側も同様に。

2 二の腕をほぐす

太いと感じている二の腕の裏側は、血流が悪くなっているので念入りにほぐします。反対側も同様に。

3 肩甲骨から脇の下に

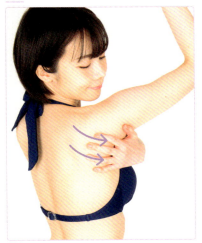

二の腕と背中の境目が太くなりやすいので、肩甲骨から脇の下に向かって余計な脂肪や老廃物を流すイメージで中指と薬指辺りに力を入れながら流します。反対側も同様に。

4 腋窩リンパ節

マッサージによって集められた老廃物が流れるように腋窩リンパ節をほぐします。1〜3をやっている途中でこまめにほぐしてもOKです。反対側も同様に。

BODY CARE BACK

もっさりした背中にサヨナラ！

背中編

背中は意識していないとどんどん猫背になり、後ろ姿が老けた印象になり、バストが下がる
原因にもなります。肩甲骨をほぐしてまずは背中の筋肉を柔らかくしましょう。

01 腰から上の部分をほぐす

長時間のパソコン作業などで、硬くなってしまった背中をまずはほぐし、血流をよくします。

02 肩甲骨をほぐす

バストや二の腕マッサージのように肩甲骨から前にほぐすことで、老廃物が流れお肉がつきにくくなります。

03 姿勢矯正にも効果的！

背中がほぐれることによって、体が動きやすくなり、姿勢矯正しやすくなります。

背中マッサージ

1 腰から上をマッサージ

グーの手を作り、背中に当てて、グリグリと上に向かってほぐします。硬い人は痛気持ちいい感じくらいがベスト。

2 肩甲骨をマッサージ

届く人は肩甲骨周辺もグリグリとマッサージしましょう。最初は無理なく届く範囲でOK。

3 脇の下をほぐす

1、2で集めた老廃物を脇の下まで持って行き腋窩リンパ節をほぐして、リンパの流れをよくします。

4 肩甲骨から脇の下へ

脂肪がつきがちな肩甲骨の下の部分は脇の下から手を入れて、バストの方向に流していきます。反対側も同様に。

5 背中から前へ

左手で右側の背中から鎖骨に向かって流します。届く範囲でOK。反対側も同様に。

BODY CARE HIP & THIGHS

きゅっと上がったヒップに

ヒップ＆太もも編

お尻と太ももの境目がわからない、垂れている……などお悩みが多い部位。
リンパの流れが滞りやすいので鼠径部に向かって老廃物を流して、
まずは、すっきりさせましょう。

#BODY CARE HIP & THIGHS

01 動かさない部位なのでしっかりほぐす
お尻は座っている時間が長い人は特に固まりやすく、形もつぶれがちなので、ほぐしましょう。

02 鼠径部をしっかりほぐす
老廃物のゴミ箱である鼠径部は、マッサージで余分なものを流すので詰まらせないためにもほぐして。

03 筋トレで引き締める（P.74参照）
マッサージだけでなくP.74の筋トレを取り入れると引き締まりやすくなりさらに美尻に。

\ 外張りもすっきりする /

『太ももほっそり！マッサージ』

1 筋肉をほぐす

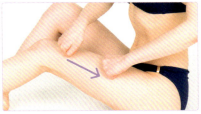

ひざ上から鼠径部に向かって、痛気持ちいいくらいの力で太ももの筋肉全体に圧をかけながらほぐします。反対側も同様に。

2 皮膚を引っ張る

ひざ上から鼠径部に向かって、太ももをつまんで、上に持ち上げたお肉を揺らします。へばりついた脂肪を引き剝がすイメージ。こり固まっていると痛いので、無理せず毎日少しずつでOK。太ももの外側はお尻くらいまでつまみましょう。

3 老廃物を流す

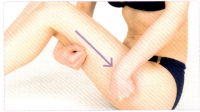

ひざ上から鼠径部に向かって、余分な老廃物を一気に鼠径部に持っていくようなイメージで押し流します。太ももの裏側はひざ裏のリンパ節を軽くプッシュしてから、お尻に向かって押し流しましょう。手が疲れるほど力を入れなくてOK。

\ 太ももとお尻の境目をはっきりさせる /

『ヒップアップマッサージ』

1 太ももからお尻へ

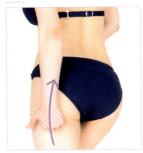

グーの手を作り、第二関節を使って太ももからお尻、ウエストまで引き上げるように流します。

2 ウエストから鼠径部へ

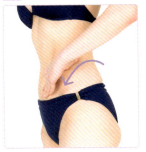

1でウエストまで流したら腰をつかむように手を開き、親指全体を使ってウエストから鼠径部に向かって流します。

3 鼠径部を流す

老廃物が流れやすいように鼠径部を優しく撫でるようにほぐします。

CALVES
& SOLES

BODY CARE CALVES & SOLES

むくみがちな部位をすっきり

ふくらはぎ・足裏編

ふくらはぎの筋肉は血液を心臓に戻すポンプの役割を果たしていますが、長時間同じ姿勢でいると血液と共に水分が溜まりむくみやすくなります。ほぐして刺激を与えてすっきりさせましょう。

#BODY CARE CALVES & SOLES

01 足の指を広げて血行促進

心臓から一番遠い足の指を広げることで、血液の巡りがよくなりむくみの解消に。

02 足首のむくみをとる

足首が硬いとふくらはぎに負担がかかり、太くなるのでくるぶしをほぐしてむくみを取りましょう。

03 足が軽くなり、疲労回復に!

ヒールで歩きすぎたり、立ち仕事の人はむくみだけでなく、足の疲れも取れて軽くなります。

\ 血行促進でむくみを取る！ /

すっきり！足裏マッサージ

1 足の指

足の指の間に手を入れ込んで、反らせます。血流の滞りが改善されます。反対側も同様に。

2 足裏全体とかかと

グーの手を作って第二関節で、足裏全体とかかとをグリグリとほぐします。反対側も同様に。

3 足首

グーの手を作って第二関節で、くるぶしを中心に円を描くようにほぐします。むくみが解消されます。反対側も同様に。

\ 老廃物を流す /

ほっそり！ふくらはぎマッサージ

1 ふくらはぎの内側

左手で右足の内側を親指を使って、足首からひざ裏まで骨の際に沿って押し流します。反対側も同様に。

2 ふくらはぎの外側

右手で右足の外側を親指を使って足首からひざ裏まで骨の際に沿って押し流します。反対側も同様に。

3 ひざ裏、ひざ頭

\ ひざ頭も マッサージ /

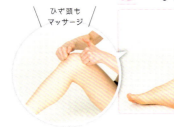

両手で足の後ろ側を足首からひざ裏まで押し流します。ひざ頭の周りもほぐし、ひざ裏までもっていきます。最後はひざ裏のリンパ節をギュッと押して流しましょう。反対側も同様に。

さくまみお流マッサージ
全体の流れ

ご紹介したマッサージは普段は部位ごとに分けず、流れで全身やっています。
おすすめは入浴中にやること。ボディソープやお湯で摩擦が軽減され、血行促進にもなり、
リンパの流れもよくなります。習慣化しやすいのもポイントです。

① 耳下から鎖骨周り

② 腋窩リンパ節

③ ハンドからひじ下

④ 二の腕

⑤ 肩甲骨からバストへ

⑥ 腋窩リンパ節

⑦ バスト

⑧ お腹

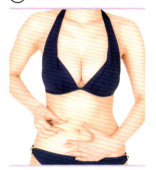

⑨ 背中

⑩ 足裏

⑪ ふくらはぎ

⑫ 太もも

⑬ 太ももからお尻

⑭ ウエストから鼠径部

⑮ 鼠径部

姿勢改善、バストアップ！

さくまみお流 筋トレ

マッサージでリンパの流れや血流を改善したら次は筋肉を鍛えて、
さらにメリハリを強調させましょう。マイペースでいいので続けることがポイント。

01 肩の状態に合わせて筋トレする

大胸筋の筋トレは背中の筋肉が衰えた状態で行うと、
前に引っ張られる力に負けてしまうので、自分の肩の状態を把握することが大切。

02 姿勢矯正にも効果抜群！

僧帽筋を鍛えると、背中から引っ張ってくれる力が高まるので、猫背の改善もしやすくなります。

03 筋トレの前後にストレッチ

筋トレ前は筋肉を動かしやすいようにストレッチで伸縮させて、筋トレ後はこりが残らないようにほぐしましょう。

＼ 大胸筋、肩甲骨周りを鍛える ／

『上半身編』

上半身は、肩甲骨周りをほぐしつつ、大胸筋に刺激を与えてバストアップ！
肩の状態によって鍛える部位が違うので、まずはチェックしましょう。

上半身の姿勢をチェック

寝転んで床に体をつけてみましょう！

● 正常な肩

肩が浮かない

正常な肩の場合は

背中（僧帽筋）を鍛えつつ

胸（大胸筋） を

メインに鍛える

胸の土台となる前側にある
大胸筋をメインにしっかり鍛えます。

● 巻き肩

**肩の一番高い部分と床の間に
拳一つ分以上のすき間がある**

巻き肩の場合は

胸（大胸筋）を鍛えつつ

背中（僧帽筋） を

メインに鍛える

後ろに肩を引っ張る力が弱いため、
背中の筋肉の僧帽筋をメインに鍛えます。

> **巻き肩とは？** 肩が内側に入り込んでいる状態のこと。スマホやパソコンでの長時間の作業が原因の一つと言われています

［ 上半身の筋トレメニュー ］

肩甲骨周りをストレッチで伸ばし、肩の状態別にバスト周りを筋トレ。
背中や二の腕を引き締めるメニューを加えて、上半身をボディメイクします。

※回数や時間は全て目安です。自分が継続できそうな範囲で調整してください。

メニューの流れ				
1 筋トレ前の ストレッチ	2 正常な場合 **大胸筋の筋トレ** 2 巻き肩の場合 **大胸筋と 僧帽筋の筋トレ**	3 背中の 筋トレ	4 二の腕の 筋トレ	5 クールダウン のストレッチ

MENU ① 筋トレ前のストレッチ

肩が内側に入りすぎたり、硬かったりすると
筋トレしても効果が期待できないので、しっかりストレッチしてほぐしましょう。

1 肩甲骨周りをほぐす

背中に手を伸ばして、優しく肩甲骨周りをほぐしましょう。反対側も同様に。

2 二の腕、デコルテ周りをほぐす

二の腕の周りを優しくもみほぐしておきましょう。反対側も同様に。

3 肩甲骨を寄せて座る

BACK

肩幅に足を開き座ります。手を後ろについて、肩甲骨をギュッと寄せます。

4 ゆっくり深呼吸する

胸を開いて息を鼻から吸って鼻から吐きます。お腹ではなく胸をしっかり膨らませて呼吸できるようにしましょう。5〜10回を目安に。猫背さんは最初は難しいですが、少しずつ自分のペースでトライを。

②-A 正常な場合 大胸筋の筋トレ

肩が正常な位置の人は大胸筋を鍛えてバストアップを目指しましょう。
合掌ポーズや腕立て伏せなど大胸筋にダイレクトに効くメニューで引き締めを。

合掌ポーズ編

1 顔の前で合掌する

顔の前で合掌ポーズし、左右の手で押し合うのを5～10回行います。猫背にならないように注意。顔から15cmほど離した方が筋肉の動きを感じやすいです。

2 左右に動かす

胸の前に合掌ポーズを移動し、そのまま左右に5～10回動かします。腕が痛くなるほど強く押し合わなくてもOK。

3 腕を前に伸ばす

脇を締めて、胸の下から合掌ポーズを前に向けて伸ばしたら、また元に戻すのを5～10回行います。腕の力でなく胸の筋肉を意識しましょう。

ひざつき腕立て伏せ編

1 ひざをついて腕立て伏せの姿勢

腕は肩幅より10cmほど広げ、手は「ハ」の字にして手首の負担を軽減させます。NG姿勢になるくらいなら、ひざ下は床についてもOK！

2 腕を曲げる

頭、お尻、ひざが一直線になる姿勢をキープしたまま腕を曲げて腕立て伏せをします。5～10回行いましょう。

腰が反ってしまう　　　お尻が上がりすぎている

大胸筋と僧帽筋の筋トレ

巻き肩の人は肩を後ろに引っ張り背筋を正してくれる、背中の上側にある僧帽筋の力が弱いので、胸だけでなく背中の筋肉も一緒に鍛えられるメニューで大胸筋、僧帽筋、両方でバストを支えてあげましょう。

1 小指からひじまでつける

あぐらをかき、手のひらは顔側に向けて小指からひじまでぴったりつけます。

2 腕を上げる

1の状態のまま、ひじを無理なく上げられる高さまで上げます。

3 肩甲骨を限界まで寄せる

BACK

両腕をウエスト辺りまで下げて手のひらは上に向け、そのまま肩甲骨を寄せます。肩が上がらないように注意。

4 両腕で胸を寄せる

ひじを体から離さないように、胸を腕で集めてくる意識で1の姿勢に戻り、繰り返します。10回×3セットを目安に。

③ 背中の筋トレ

普段あまり動かしていない背中側の筋肉。大きな筋肉が多いので
きちんと筋トレすれば美背中に。姿勢もよくなります。

1　背中で手を組む

あぐらをかき、両
手を背中で組みま
す。

2　腕を上げる

そのまま、腕を上
げて、背中を伸ば
し胸を張りましょ
う。骨盤を少し後
ろに倒すような意
識で行うと下腹に
も効果的。5〜10
回行いましょう。

④ 二の腕の筋トレ

二の腕をすっきりさせると横から見ても美しい上半身に。
運動をあまりしていない二の腕の裏側を中心に鍛えましょう。

ねじり編

二の腕をねじる

腕を横に伸ばして肩甲骨から交互にねじります。5〜10回
繰り返します。

ペットボトル編

500mlの
ペットボトルを
持ち上げる

ペットボトルを肩の
後ろで持ち交互に持
ち上げます。5〜
10回繰り返します。

⑤ クールダウンのストレッチ

筋肉の強張りをほぐし、疲労を溜めないよう、筋トレで使
った筋肉や周りの部位を優しく伸ばしたりほぐしたりします。

1　肩甲骨から腕を伸ばす

足を少し前に出してあぐらをかき、前に出している足と同じ
ほうの腕をできるだけ体の横に伸ばします。

2　前屈する

外ももやお尻の伸びを感じつつ10秒キープ。逆の足と腕も
同様に。

MUSCLE TRAINING ・・・ **UPPER BODY** / LOWER BODY

\ 腰の浮き輪肉、太もも、お尻を鍛える /

『下半身編』

グラマラスレンダーボディを目指すなら、下半身もマッサージした後、
筋トレして全体のバランスを整えましょう。お尻や太ももは普段あまり動かしていないので固まりがち。
筋肉を動かすことで血流がよくなり老廃物も流れて、すっきりボディに。

どこが太くなりやすいかチェック

足を肩幅に開き、腰を落としてみたら、どこに力が入りますか？

太もも裏やお尻に力が入る場合

↓

**股関節がしっかり使えているので
足は太くなりにくく
ヒップアップが期待できる**

↓

**まんべんなく、
全身の筋トレをしましょう**

ふくらはぎや前ももに力が入る場合

↓

足が太くなる傾向

↓

**よりしっかりと股関節や
骨盤周りのストレッチをしてから
筋トレに入りましょう。**

［ 下半身の筋トレメニュー ］

下半身で一番重要な股関節周りや骨盤をしっかりほぐした後に、太ももやお尻、ウエストを筋トレします。
上半身に比べて、動きが大きいものが多いので初めてやる人は無理をせず、自分のペースで行いましょう。

※回数や時間は全て目安です。自分が継続できそうな範囲で調整してください。

メニューの流れ

1 筋トレ前のストレッチ　　2 太もも・お尻の筋トレ

3 浮き輪肉撃退と
くびれの筋トレ　　4 ヒップアップ　　5 クールダウンの
ストレッチ

MENU ① 筋トレ前のストレッチ

股関節や骨盤周りの筋肉を柔らかくし、可動域をひろげておくことで、狙った筋肉にしっかり働きかけることができます。また、上半身の筋トレより動きが激しいので、アキレス腱を伸ばしてしっかり全身のウォーミングアップを。

股関節を伸ばす

1 足を広げて腰を落とす

つま先はひざと同じ方向に向けて、肩幅より大きく足を広げます。手はひざの上に置き、背筋を伸ばして前屈みに腰を落とします。

2 左右にねじる

1の姿勢のまま、上半身を左右にねじります。各10秒ずつキープ。

アキレス腱を伸ばす＆肩回し

1 足を前後に開く

足を前後に大きく開き、アキレス腱を伸ばし、両腕は真っすぐ上げます。

2 右腕は前、左腕は後ろに回す

下半身は1の姿勢のまま、呼吸しながら両腕で円を描くように回します。肩甲骨から動かすようにしましょう。5〜10回旋回させます。

3 反対回りに旋回させる

反対回りも同様に円を描くように腕を5〜10回旋回させます。骨盤をしっかり固定して行いましょう。

71

太もも・お尻の筋トレ

太ももの後ろ側からお尻にかけてのラインを鍛えることができるスクワットですが、
正しいやり方をしないとひざを痛めたり、
太ももの前が張り出して太くなってしまったりするので、姿勢に気をつけて行いましょう。

1　足を肩幅に開く

姿勢を正し、手は頭の後ろで組み、足はつま先をやや外側に向けて立ちます。

2　ひざを曲げる

お尻をゆっくり引きながらひざを曲げます。ひざをつま先と同じ方向に向け、つま先より前に出ないように。頭からお尻まで一直線になり、肩甲骨を寄せ、腰を反らせないように意識。3秒程キープして1の姿勢に戻ります。5〜10回繰り返します。

NG

好きな音楽に
合わせて行うのが
おすすめ

ひざがつま先より
前に出る

背中が
丸まっている

できる範囲でOK！
続けることが
大切だよ！

MENU ③ 浮き輪肉撃退と くびれの筋トレ

くびれ作りに大事な腹斜筋やインナーマッスルに
アプローチします。ぽっこりお腹もすっきりします！

ひざつきブランク 編

正しい姿勢をキープ

NG

腰が反ったりお尻が上がったりするのはNGです。

うつ伏せになり、ひざとひ
じを床につけます。頭から
お尻、ひざまでまっすぐに
なる姿勢を30秒キープ。

腹斜筋を鍛える 編

1 横向きになる

横向きになり、片方のひじは床につきます。

2 体を持ち上げる

腰を持ち上げ、頭からお尻、つま先までまっすぐになる姿勢
を30秒キープ。お尻が下がって「く」の字にならないように。
反対側も同様に。

MUSCLE TRAINING ▸▸▸ UPPER BODY / LOWER BODY

73

 **ヒップアップ**

お尻を鍛えるヒップリフトというメニューです。お尻の筋肉は普段の生活であまり使わないので意識的に動かさないと垂れてしまい、太ももまで太く、足も短く見えてしまうことも……。しっかり鍛えましょう。

1 仰向けになり、ひざを立てる

仰向けになり、足を肩幅くらいに広げてひざを立てます。つま先は30度くらい外に向け、あごを軽く引きましょう。

2 お尻を上げる

ひざから下は床と垂直に、腰を上げようとするよりかかとで床を押すイメージでお尻を上げます。1、2を10回繰り返します。肩甲骨が浮くほど高く上げなくても大丈夫です。

3 片足をかけてお尻を上げる

さらに余裕のある人は、片足をもう一方の足にかけてひざから肩のラインがまっすぐになるように上げます。10回繰り返して、反対側も同様に。

 NG

胸を上げすぎて、あごが詰まった状態はNG。

クールダウンのストレッチ

上半身を伸ばしてクールダウンさせましょう。また、筋トレで頑張った腹筋や大殿筋、太ももの筋肉を撫でるようにしてほぐしたり、1のストレッチをして体をリラックス。

肩甲骨から腕を伸ばす

足を少し前に出してあぐらをかき、前に出している足と同じほうの腕をできるだけ体の横に伸ばします。

前屈する

外ももやお尻の伸びを感じつつ10秒キープ。逆の足と腕も同様に。

お腹周りをさする

腹斜筋を両手で優しく撫でるようにさすります。

お尻や太ももをさする

太ももからお尻に向かって行いましょう。ヒップアップ効果にもなります。

おすすめ！ながらでできるくびれエクササイズ

歯磨きしながら、くびれを作るエクササイズ。
足は腰から生えているつもりで動かすことで、腹斜筋にアプローチでき、くびれ作りに効果的。

骨盤から足を上げる

NG

骨盤の位置が変わらず、ただ足踏みするのではなく、上半身はまっすぐのまま脇腹を寄せるように、腰から足を上げ足踏みします。歯磨きの3〜5分くらいの「ながら」でやるのがおすすめ。

足だけを動かすのはNG。腰から動かす意識でやりましょう。

\ 余裕のある人は /

壁に手をついてつま先立ちでやるとさらに効果的。

すべすべ、つやつやになる

さくまみお流
スキンケア＆ヘアケア

スタイルがよくてもお肌や髪の調子が悪いと
女子力の低下に。マッサージ同様に習慣化して、
続けることがポイント。手をかけるより、
お肌や髪の負担を減らすようにしています。

re & Haircare

SKINCARE

洗顔と保湿がポイント

スキンケア

スキンケアは特別なケアはしなくてもいいので、
乾燥に気をつけることが一番。洗いすぎず、きちんと保湿して、
マッサージでリンパの流れをよくしてうるつや肌に。

POINT 1 洗いすぎに注意する

顔もボディもゴシゴシ洗いは肌を傷つけてしまいます。優しく洗い流しましょう。

POINT 2 保湿はしっかりすぐにする

洗顔後、入浴後はすぐ保湿クリームで肌を保護するのがポイント。マッサージしながら行ってもOK。

POINT 3 マッサージで老廃物を流し、むくみを解消

顔のむくみ改善におすすめのマッサージ。首周りもマッサージすれば、デコルテ部分もすっきりします。

POINT 1

洗いすぎに注意する

☀ 朝の洗顔

朝は水のみで洗顔してティシュで押さえるのみのケア。寝ている間の汗や汚れを洗い流すようにしています。洗顔料をつけるとどうしても肌に刺激を与えて皮脂まで洗い流してしまい、乾燥してしまうので、さらっと短時間で洗うのがポイント。

☽ 夜の洗顔

通常の日の洗顔

すっぴんで過ごした日は洗浄成分がマイルドな洗顔石けんで皮脂や毛穴の汚れを落とします。ふわふわの泡で優しく洗うのがポイント。

メイクした日のクレンジング

マスカラなどはリムーバーで先に落として、オイルでクレンジング。オイルは肌に優しいベビーオイルを選べば、肌の負担が軽くなります。

POINT 2

保湿はしっかりすぐにする

顔周りの保湿

洗顔後、入浴後はすぐに保湿しましょう。化粧水たっぷりパックで乾燥対策するのがおすすめ。ただしパックは10〜15分くらいを目安に。長すぎると逆に乾燥してしまいます。

ボディ保湿

ボディも入浴後にすぐに保湿しています。マッサージを入浴中にしない人は、クリームをつけながら行ってもOK。クリームによって肌が滑りやすくなり、リンパの流れがよくなります。

マッサージで老廃物を流し、むくみを解消

入浴中にボディマッサージと一緒にフェイスマッサージをすれば、デコルテ周りがすっきりして
むくみの解消に。疲れやすい目元や気になるフェイスラインをケアしましょう。

\ さくまみお流 /

フェイスマッサージ

#1 耳の下、鎖骨周り

指でピースを作って、耳の下から首、鎖骨の真ん中から脇に向かってリンパを流します。

#2 頬の中心から外へ

両手を少し広げて、頬の中心から
外側に向けて指を滑らせます。

#3 耳の下を通りリンパ節に

そのまま指は耳の下を通り、
鎖骨のリンパ節まで流します。

#4 目元から外へ

2と同様に、目元に指を添えて外側に向けて指を滑らせ、3と同様に流します。

#5 額から外へ

2と同様に、今度はおでこに指を添えて外側に向けて指を滑らせ、3と同様に流します。

#6 耳の周りをマッサージ

耳の外側や耳たぶを指で挟んでくるくるマッサージ。耳の周りにはツボやリンパが集まっているのでむくみ改善に効果的。

#7 あごから耳下へ

あご下を人差し指と中指で挟むようにして、フェイスラインに沿って、上に引き上げます。

#8 耳から鎖骨へ

7の延長で耳下まで流し、さらに鎖骨のリンパ節まで流すとフェイスラインもすっきり!

HAIRCARE

シンプルケアでつやつやに
ヘアケア

髪の毛がボサボサ、ダメージがあると気分が盛り下がってしまいます。
紫外線のケアをし、シャンプーでの洗いすぎに気をつけ、
ダメージがあるところをピンポイントでケアしてつや髪に。

POINT 1　髪に負担をかけないヘアケアを心掛ける
お湯シャンプーと少量のトリートメントでケア、濡れたまま放置しないなど髪への負担を減らすように。

POINT 2　バックスタイルを常にチェック
後ろ姿は自分でなかなか見えないので、髪がまとまっているか、傷んでいないか、スマホで撮ってチェック。

POINT 3　紫外線対策をする
一番、紫外線が当たる髪はダメージを受けやすく、日焼けの原因になるので必ず対策を。

POINT 1

髪に負担をかけないヘアケアを心掛ける

お湯シャンプー＆
少量トリートメントでケア

濡れたまま放置しない

シャンプーは洗浄力が高く、頭皮の油分が取れてしまいパサパサの原因になるので、基本はお湯シャンプーで汚れを取り、少量のトリートメントでケアしています。シャンプー＆トリートメントは週2～3回くらいでも十分潤いもキープできますよ。

自然乾燥すると髪のダメージになるので、頭皮マッサージしながら髪をこすり合わせないように優しくタオルドライ。櫛でとかして洗い流さないトリートメントをつけ、ドライヤーですぐ乾かすのがおすすめ。熱すぎない強風で短時間で乾かすのがポイント。最後に冷風をかけながら櫛でとかせば、つやつや髪になりますよ。

POINT 2

バックスタイルを常にチェック

スマホでチェック

後ろ姿は意外に見られていることが多いのに、自分ではなかなかチェックできないので、スマホで友人に後ろ姿を撮影してもらい、ヘアにダメージはないか、ヘアスタイルの乱れはないか、チェックしておくと360度きれいに！

POINT 3

紫外線対策をする

曇りの日も日傘でガード

夏だけでなく、春や秋も紫外線は強いので、日傘でガード。肌へのダメージも防げて、頭頂部の日焼け防止に効果的です。少し大きめサイズで、すっぽり包むような日傘を選ぶようにしましょう。

洗顔石けん、保湿クリーム、トリートメントetc.

お気に入りのコスメ・グッズ大公開!

BODY & SKINCARE
GOODS

夜の洗顔に使っています。低刺激で優しい洗い上がりが好き。ビオメディ エッセンスモイストソープ／ラウンドリング

しっかりメイクの時に使用。濡れた手でも使えます。ミュオ クレンジングオイル／クラシエホームプロダクツ

こちらもしっかりメイクの時にメイク落としとして重宝しています。ジョンソン®ベビーオイル／ジョンソン・エンド・ジョンソン

顔に使えるスクラブ兼洗顔料。特に角質が気になる時のスペシャルケアに。フェイスポリッシャー リフレッシング／ SABON Japan（サボン ジャパン）

汗をかく夏の暑い時期に使っています。ダヴ ボディウォッシュ プレミアム モイスチャーケア ポンプ／ユニリーバ・ジャパン

アイメイクがするっと落ちます。ビフェスタ アイメイクアップ リムーバー／マンダム

朝のケアはこれだけ。化粧水、乳液、美容液、クリームの4役をこの1本でしてくれます。ビオメディ エッセンスミルクリーム／ラウンドリング

全身の保湿用。香りも優しいです。ホワイトバーチ ボディオイル／ヴェレダ・ジャパン

good

入浴後にパックしてウルウル肌に。ルルルン プレシャス GREEN ／グライド・エンタープライズ

フォロワーさんからよく質問される、愛用しているコスメやグッズをご紹介します！
敏感肌なので、基本は肌に低刺激なものを使っていて、シンプルケア派です！

HAIRCARE

GOODS

週2〜3回のシャンプーと毛先のトリートメントに。低刺激で頭皮に優しいです。Flowersシャンプー＆トリートメント／ビューティーアーキテクト

爽やかで上品な香りがお気に入り。Flowers Perfume Bouquet Urban 246／ビューティーアーキテクト

濡れた髪でもからまずつるつるヘアに。タングルティーザー コンパクトスタイラー ローズゴールド／リュクス ／タングルティーザー（プリアップ）

ドライヤーの前に使用。Flowersアウトバス／ビューティーアーキテクト

Special

熱くなりすぎず、大風量。Dyson Supersonic Ionic アイアン／フューシャ／ダイソン

髪がつやつやになるよ！

マッサージのタイミング、モチベーションの保ち方etc.

さくまみおの
お悩み解決Q&A

マッサージや筋トレが続かない、
効果が見えない時のモチベーションの保ち方、
ノンワイヤーブラではダメ?……など素朴なお悩みについてお答えします!

フォロワーさんから多かった質問にお答え！

教えて！ みおちゃん！

何でも**Q&A**

YouTubeとInstagramでみんなが聞きたいことを大募集させていただきました！
モチベーションの保ち方、遺伝との関係、太って見えないファッションなど
特に質問が多かった項目にお答えしています！

 Q ⁰¹
マッサージや筋トレが続かない……
モチベーション維持の方法は？

 A ルーティンに組み込んで、よい変化に目を向けよう！

頑張らなくても継続している生活習慣に組み込むのがおすすめ。私は歯磨きしながらくびれエクササイズをしたり、入浴しながらマッサージをしたりしています。その上でさらに効果的なのは、お風呂上がりに鏡で裸を確認し、ポジティブな変化に目を向けること！マッサージの後などは変化が出やすいので、モチベーションが上がって続けられます♪

 Q ⁰²
生理中でもバストマッサージしてもいい？

A 念のために避けましょう

「乳腺に刺激を加えると子宮が収縮するから、生理中や妊娠中のマッサージはよくない」という説はお医者さんの間でも意見が分かれるようなので真実はわかりませんが、念のために避けたほうがよいかなと思います。私は軽〜くさする程度の力に変えています。ウエストや他の部位についても体調が悪い時は避けましょう。

Q.03 ノンワイヤーやブラトップや
ストラップレスブラでは美乳にならない？

A できればワイヤー入りブラがおすすめ

最近はサードウェーブブラなどノンワイヤーのクオリティも高くなっていますが、やはりワイヤー入りと比べるとキープ力や補整力は劣り、そして胸の重さが重くなるほどノンワイヤーで支えるのは難しいんじゃないかと私は思っています。

でもワイヤー入りが苦しい人はノンワイヤーでももちろんOKで、自分にとって着け心地がいいものを着用するのが一番です。個人的におすすめは、自分で作った言葉ですが「パートナーブラ」＝自分に最もフィットするブラを見つけること。ワイヤー入りでも痛くも苦しくもないので素敵なブラとの出会いがありますように。

Q.04 毎日マッサージしているのに
私は変化を感じにくいのはなぜ？

無理せず
自分のペースで
続けましょう

A 食生活や生活リズムの見直しを

バストにはマッサージだけでなく、PART2でご紹介したような生活習慣も大切な要素です。マッサージでせっかくリンパの流れがよくなっても、栄養バランスや生活リズムが乱れていると、なかなか結果に結びつきにくくなってしまうので、もし思い当たることがあれば改善してみてください。また、フォロワーさんから「自分的にはあまり変化を感じないと思っていたけど、下着屋さんで試着した際にサイズが上がっていた」なんてコメントもたまにいただくので、毎日見ていると少しずつの変化に気づきにくい場合もあるのかも……。小まめに採寸しておくと、具体的な変化がわかるのでおすすめです。

Q ⁰⁵ 胸が大きいのは遺伝と関係がある？

A 諸説あり。栄養や環境のほうが大切

諸説ありますが、遺伝が全てではなく、私は環境のほうが大きいと思います。私の母はBカップで、幼少期は貧しくあまり栄養が摂れなかったそうです。私はそんな母がありがたいことにたくさん栄養を与えてくれてHカップまで育ちました。そして同じ食生活をしていた母も学生時代より大きくなったそうです。さらに上京してから共働きの姉家族の家に居候していた時期に、姪っ子姉妹の母代わりになって生活することに。私が実践していた食事や生活習慣を姪っ子姉妹にもさせていました。すると、姪っ子の姉のほうは細身ですが、私より胸が育ちました。その後、居候をやめたのですが、姪っ子の妹からは先日「みおちゃんが家を出てから食生活や生活リズムが変わって急激に太ったんだけど！」と怒られてしまいました（笑）。
なので、やはり食生活や生活スタイルなど環境が大事なんだなと思いました。

食生活は
やっぱり大切

Q ⁰⁶ 足を長くする方法はない？

A 太ももからお尻のマッサージがおすすめ

物理的に伸ばすことは難しいですが、太もものお肉をお尻に持っていくマッサージを毎日していたら太ももとお尻の境目がだんだん上に上がってきて、目の錯覚で足が長く見えるようになりました！　是非トライしてみてくださいね！

Q ⁰⁷ 胸の筋トレをしたらバストの脂肪も燃焼してしまわないの？

A 脂肪はなかなか落ちない……

筋トレで脂肪を燃焼させるためにはすごい運動量が必要です。嬉しくも悲しくもそんなに簡単に脂肪は落ちてくれません。脂肪を落とすには食事改善や長時間の運動などを複合的にやらないといけないので、私は気にせず、筋トレしています。

08

バストアップサプリやクリームは使ってますか？

A クリームは保湿用のものでOK

サプリは足りない栄養素を補うための健康補助食品として使うのはよいと思いますが、バストアップのサプリについては、おすすめできません。クリームもその成分のおかげというより、マッサージすることでリンパの流れがよくなり、栄養が行き渡りやすくなっているおかげだと思うので、バスト専用のクリームではなく、普通の保湿クリームで私はいいと思いますよ。

09

ダイエットしたら胸から痩せるということはない？

A 体質による。胸だけにフォーカスせず、全体のバランスを考えて

意識が行きがちな部分だからそんな気がしますよね！ でも実際、脂肪は胸だけでなく、全体的になくなっていくので胸だけ落ちるということは体質にもよりますが、あまりないように思います。胸が痩せたということは全体的にダイエットが成功しているということではないでしょうか？ 痩せたいけど胸は残したい……という方は、一度全体的に痩せてから、後から筋トレやマッサージで胸をつけるという二段ステップを踏むのがいいように思います。

 10

マッサージしたらどこまで大きくなるの？

A どこまでも大きくなるわけではありません

マッサージしていれば誰でもどこまでも大きくできるというわけではないと思います。私も毎日マッサージしていてもHカップ以上は大きくならないので。全体的に細身の人はいきなり大きくなるのは難しいと思いますし、人にもよりますが、それでも1〜2カップは変わるとフォロワーさんからお声をいただくことが多いです。

Q11 胸が大きくても太って見えない服装は？

A ウエストを高く見せることがポイント

「ぴったりすぎだと胸が強調されるし、だぼっとした服は太って見えるので、悩みますよね。私はなるべくハイウエストのデザインやアイテムを選ぶようにしています。ウエストの位置を高く見せることで胸周りがコンパクトに見えて、すらりと脚長効果も。」

ワンピース
太ベルトでウエストを高く見せて胸をカバー。

ニット
体を包む程よい大きさを選んでボトムスはコンパクトに。

スカート
Gジャンでウエストマークしてメリハリのあるスタイルに。

Q12 自分のことが好きになれない

A 嫌いな原因を取り除き、好きな原因を作る

「自分のことを嫌いになる原因の一つとして他人のSNSを見すぎていることはありませんか？　SNSは自分が輝いている時間のみを切り取って加工している、盛り盛り博覧会です。反対に見る側は暇でゴロゴロしている間に見ていて「自分はこんなにダメでみんなはすごい」と思ってしまうので、まずは気にしないように。自分を好きになるには小さいことでもいいから何か一つやり遂げて結果を出してみてください。結果が出たら「お……、自分できるじゃん！」となりこの積み重ねが自己肯定感に繋がります。」

Q13 ナイトブラの替え時は？

A ホールド力に違和感を覚えたら替え時

「肩紐の部分が伸びきってしまい、支えている感じが弱まったり、アンダー部分のゴムが伸びて朝起きたら下乳が出るようになっていたら替え時かと思います。柔らかな素材のものが多いので、洗濯の仕方や干し方にもよりますが、寿命は半年くらいかと思われます。」

さくまみお

33歳。ボディメイクインストラクター、リンパケアセラピストの資格取得。YouTubeを中心に、女性に向けて自身のボディケア方法を発信している。YouTube登録者数は24万人超え。TOKYO FM(AuDee) 毎週土曜21時～ 「さくまみおのラジオ やってみお!」でも発信中。(2021年3月時点)

YouTube : youtube.com/c/sakumamio2
Instagram : sakuma_mio
Twitter : @sakumamio

商品問い合わせ先

ヴェレダ・ジャパン　0120-070-601

クラシエホームプロダクツ　0120-540-712

グライド・エンタープライズ　0120-200-390

SABON Japan　0120-380-688

ジョンソン・エンド・ジョンソン　0120-101110

タングルティーザー（プリアップ）
tangleteezer.jp/contact

ダイソン　0120-295-731

ビューティーアーキテクト
info@flowers-official.com

マンダム　0120-37-3337

ユニリーバ・ジャパン　0120-110-747

ラウンドリング　03-4510-7431

衣裳協力

Intimissimi　03-6712-6180
PEACH JOHN　0120-066-107
windsky　info@windsky.jp

※本書に掲載の情報は2021年3月時点のものです
※商品やブランドの情報は変更になる場合もございます

STAFF

撮影　長谷川梓（グラビアページ、ロケ撮影）
　　　後藤利江（プロセスカット、物撮影）
スタイリング　高垣鮎美（LOVABLE）
ヘアメイク　遊佐こころ（PEACE MONKEY）
ブックデザイン　ma-hgra
編集協力　百田なつき
校正　鷗来堂

EPILOGUE

おわりに

最後まで本書をお読みいただきありがとうございます。

ここまで美ボディを作る方法についてたくさん語ってきましたが、「さくまみお の美ボディ研究部」の真のモットーは「可愛いおばあちゃん」になることです。

「可愛いおばあちゃん」＝「外見だけでなく、内面にも可愛らしさを感じられる人」 が理想です。

そのためにはコンプレックスに支配されていてはなかなか難しいと思います。

コンプレックスに支配されていた頃の私は、なんだかいつもイライラしていて、 外見が少し自分の理想に近づけたとしても「まだダメだ！」とちっとも幸せじゃな かったし、本当の意味で可愛くなかったと思うのです。

もちろん今もまだ油断して習慣が崩れるとコンプレックスをむくむくと大きく感 じることがあり、私もまだまだ修行中です。

外見も中身も可愛く健康美をキープするのは難しいですが、自分のコンプレック スを上手にコントロールし、マッサージや筋トレを少しずつ自分の生活リズム に取り入れながら、美ボディのための習慣を続けることでだんだんと自分の体 も内面も愛せる「可愛い人」になっていけると私は思っています。

習慣の力は強く、習慣は継続になり、そして継続は現実を変えていけるからです！

コンプレックスは敵とせず、味方にして習慣化する原動力として使いながら、 一緒に可愛いおばあちゃんを目指しましょう♪

最後に、いつもYouTubeやSNSを見てくださっている皆さん、私を見つけてく ださったKADOKAWAの大月さん、素敵な1冊を作ってくださった関係者の皆 様、いつも支えてくれる家族、仲間、数ある本の中からお手に取ってくださっ たあなたが大好きです♡

ありがとうございます！

2021年3月 さくまみお

thank you for reading

むね　おお　　　　からだ　ほそ
胸は大きく、体は細く！
グラマラスレンダー習慣
しゅう　かん

2021年3月29日 初版発行

著／　　　さくま みお
発行者／青柳昌行
発行／　　株式会社 KADOKAWA
　　　　　〒102-8177
　　　　　東京都千代田区富士見2-13-3
　　　　　電話 0570-002-301(ナビダイヤル)
印刷所／図書印刷株式会社

(お問い合わせ)

https://www.kadokawa.co.jp/
(「お問い合わせ」へお進みください)

※内容によっては、お答えできない場合があります。
※サポートは日本国内のみとさせていただきます。
※Japanese text only

定価はカバーに表示してあります。
©Mio SAKUMA 2021 Printed in Japan
ISBN 978-4-04-065991-6　C0077